LK 7/2035

DÉTAILS HISTORIQUES

SUR L'ANCIEN PORT

DE CHERBOURG,

POUR SERVIR DE RÉPONSE

A un Mémoire de M. DE GERVILLE, *ayant pour titre :
Recherches sur l'état des Ports de* CHERBOURG *et
de* BARFLEUR, *pendant le moyen âge.*

PAR M. AUG. ASSELIN.

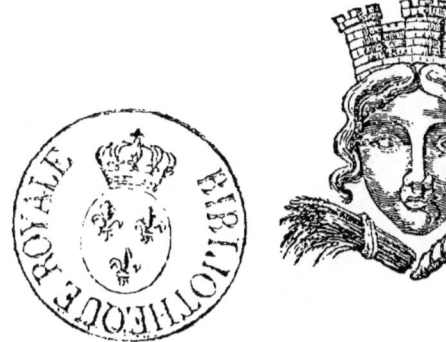

A CHERBOURG,
DE L'IMPRIMERIE DE BOULANGER FILS, LIBRAIRE.

Janvier 1826.

DÉTAILS HISTORIQUES
SUR L'ANCIEN PORT
DE CHERBOURG.

Je dois au hasard d'avoir eu connaissance d'un mémoire ayant pour titre : *Recherches sur l'état des Ports de Cherbourg et de Barfleur, pendant le moyen âge*. Il est sans date, et sans indication du lieu de l'impression. Un des amis de l'auteur, qui est aussi des miens, a bien voulu me prêter l'exemplaire que j'ai aux mains ; sans son obligeance, je n'aurais pas connu cet ouvrage, et il m'eût été impossible de remplir l'attente de l'auteur, qui dit, page 1.re, *Ces assertions ont excité les réclamations d'un habitant de Cherbourg, Mr Asselin..... Page 3, sans doute, il restera dans ce travail des omissions à relever, des erreurs à rectifier ; Mr Asselin en fera justice...... Page 33, Mr Asselin s'empressera sans doute de suppléer à mes omissions..... Et page 34, si, comme je l'espère, le public juge que mes assertions n'étaient pas sans fondement, je ne doute pas qu'il ne se joigne à moi pour approuver* les *motifs qui ont engagé M.r Asselin à les combattre*. Mon nom se trouve encore dans plusieurs autres pages, *et il ne voit pas*, dit-il, *d'inconvénient à ce que le débat soit public*, (page 2.*). Ainsi me voilà bien appelé à défendre mon opinion devant le public.

Ces recherches sont publiées à la suite d'une correspondance qui eut lieu entre M.r de Gerville et moi, au mois de mars 1824. Il avait fait insérer dans le 1.er volume des archives Normandes un article, dans lequel il énonçait la *supériorité* du port de Barfleur, et une *importance secondaire* pour celui de Cherbourg, sous le gouvernement des Rois d'Angleterre, Ducs de Normandie, je réclamai, auprès de lui-même, contre cette assertion : j'avais cru lui donner de bonnes raisons à l'appui de ma réclamation : il en pensa autrement, et nous ne nous entendîmes point. Je finis par lui dire que son article étant imprimé dans les archives Normandes, ce serait par la même voie qu'il faudrait lui répondre.

Mais j'avais quelque répugnance à entrer dans une discussion, qui, à mon avis, prenait une mauvaise direction dès son principe; car, prendre pour point de départ d'une discussion d'établir la supériorité d'un lieu quelconque sur un autre, c'est dire qu'on renonce à l'impartialité qui est le premier devoir de celui qui écrit l'histoire, il faut laisser au lecteur à porter ce jugement de supériorité quand on lui a exposé les faits, et qu'on les a appuyés sur des documents historiques. D'ailleurs, depuis près de deux ans j'avais perdu de vue cette discussion, et je pouvais croire qu'il en était de même de M. de Gerville. Son opinion était imprimée ; elle n'était contredite que dans ma correspondance particulière ; il avait tout l'avantage.

Maintenant qu'il vient de faire imprimer une seconde fois son opinion sur les ports de Cherbourg et de Barfleur, avec ses motifs, et qu'il met le public dans la confidence que je suis d'une opinion contraire à la sienne, il faut bien que je prenne aussi la plume pour dire à ce public, devant qui je suis appelé, quelles sont mes raisons pour penser autrement sur cette prétendue supériorité de Barfleur. En les exposant, j'aurai soin d'écarter toute idée de prétentions et de rivalités : ce sont des faits à établir ou à expliquer. S'ils sont honorables pour une des deux villes, ils n'iront pas au détriment de l'autre : j'ai bien l'intention de défendre Cherbourg, mais ce ne sera pas aux dépens de Barfleur. Chaque ville a ses titres d'antiquité, et ses souvenirs plus ou moins glorieux : laissons leurs habitants s'en applaudir, et les citer avec cette espèce d'orgueil qui tient à l'amour de son pays.

Barfleur est une ville antique dont on ne connaît point l'origine. Elle avait un château qui a soutenu plusieurs sièges, plus ou moins heureux, mais toujours honorables. Son port de mer a eu quelque célébrité, et il est encore un port de relâche où les navigateurs sont quelquefois heureux de trouver un refuge : il faut dire aussi que Barfleur a la première part d'une des plus glorieuses journées que présentent les annales de notre Normandie.

Ethelred, Roi d'Angleterre, ayant déclaré la guerre à Richard 2.°, Duc de Normandie, vers l'an 996, envoya une flotte et une armée *pour s'emparer de la Normandie*, en commençant par le Cotentin, avec l'ordre *de tout ravager, excepté le Mont S.t–Michel, et de lui amener Richard prisonnier.* (*a*) L'armée anglaise vint descendre sur la côte de Barfleur, (*b*) cette ville put opposer sur le champ assez de résistance pour attendre des secours. Néel, Vicomte de Cotentin, arriva bientôt avec les milices du pays. Toute la popu-

---

(*a*) Præcepit ut euntes totam Normanniam rapinis et incendiis exterminarent. Solum modo Archangeli Michaelis monti parcerent....., sed et Richardum Ducem captum vinclis præ tergum manibus, etc. (Walsingham coll. de Camden, page 426).

(*b*) Qui mox velivolo sulcantes æquora vento, ad littora Saræ devolvuntur permerso maris limbo. Tunc prærumpentes de navibus, etc. (Walsingham et Guill. de Jumièges).

lation avait pris les armes ; (*a*) les anglais furent attaqués avec impétuosité, et poursuivis avec une ardeur telle, qu'un très-petit nombre put s'échapper et regagner ses vaisseaux. (*b*) Guill. de Jumièges et Walsingham, qui font le même récit, et dans les mêmes termes, racontent que le petit nombre d'anglais, qui avait pu s'échapper, rapporta au Roi d'Angleterre que dans un seul comté de la Normandie, ils avaient trouvé une population armée et courageuse, qui avait vaincu, et mis à mort toute son armée ; que les femmes elles-mêmes prenaient les armes, et qu'elles devenaient des guerriers redoutables. (*c*) D'anciennes chroniques citent la milice bourgeoise de Cherbourg, comme ayant pris part à cette action : elles nomment ses deux chefs, Martel de Linange, et Hue du Filet. (*d*) Il n'est pas douteux que la plus grande gloire de cette journée appartient à Barfleur, dont les habitants ont dû avoir à soutenir

---

(*a*) Militibus constantiensibus cum multitudine vulgi, (Walsingham coll. de Camden., page 426.)

(*b*) Tantâ que illos strage delevit, ut nullus penitùs remaneret qui facta posteris nunciaret (Guill. de Jumièges coll. de Duchesne, page 25)

(*c*) Cum unius comitatus gente ferocissimâ, nostro cum interitu dimicavimus ubi non modò sunt fortissimi bellatores, sed et feminæ pugnatrices (idem page idem.)

(*d*) Moins de 50 ans après, Guill. le Conquérant

le premier choc de l'ennemi, et ont donné le temps aux milices du Cotentin de se réunir, et de se préserver de cette cruelle invasion. Robert Wace rapporte cet événement dans son roman de Rou, vers 6410 et suivants.

> Bataille i out verè moult dure;
> É grant mortele desconfiture.
> Kels genz i out? boens chevaliers;
> Boens chevaliers, é boens archiers :
> É granz vieilles deschevelées,
> Ki semblent femes desvées... (Enragées).

Cherbourg a aussi ses titres d'antiquité et ses honorables souvenirs; cette ville est le *Coriallum* des Gaulois : on la trouve indiquée sur la carte théodosienne, dite de Peuttinger, à la même place qu'elle occupe sur nos cartes actuelles, et son château fort était un des plus anciens et des plus renommés de la France. Il faut avoir lu Froissart pour savoir quelle était l'importance de Cherbourg comme ville de guerre dans les temps anciens. Je ferai une seule citation de cet historien : elle me paraît fort remarquable en ce

---

fit un changement dans l'organisation de la milice bourgeoise, dont il nomma le prieur de l'Hôtel-Dieu commandant perpétuel. Il lui donna en même-temps un fief à charge du service militaire. C'était alors l'usage que les ecclésiastiques possédant fief y fussent obligés comme les autres barons.

qu'elle peint les mœurs du temps dans un combat de chevalerie, qui eut lieu entre un français et un anglais, auprès de Cherbourg, qui, alors, était assiégé. Un chevalier resté seul à cheval au moment où tous les autres ont mis pied à terre pour commencer un combat à outrance, demande une joute pour l'honneur de sa dame ; tout-à-coup les deux partis s'arrêtent et attendent l'issue de ce combat avant de commencer le leur.

Ceulx de la garnison de Chierbourg yssoient souuent hors quand bon leur sembloit. Car ilz pouoient toutes les foiz quilz vouloient cheuaucher à la couuerte, sans ce quon sceust riens de leurs yssues pour les grants boys ou ilz marchoient : car ilz auoient fait vne voye et taille a leur voulenté, tellement quilz pouoient yssir hors et cheuaucher sur le pays, en Normandie sans danger des françois. Et aduint en celle saison que les francais cheuauchoient, et aussi eulx : et riens ne scauoient les vngs des autres : et tant que daduenture ilz se trouuerent en vne place que len dit Pastoy des Boys. Lors quilz se trouuerent ainsi comme cheualiers et escuiers qui se desiroient a combatre ilz mirent tous pied a terre excepté messire Lancelot de Lorris lequel demoura sur son coursier le glaiue au poing la targe au col et demanda vne iouste pour lamour de sa dame. La estoit qui bien lentendit : car aussi bien y auoit il des cheualiers et escuiers amoureux en la compaignie des anglois comme il estoit. Et me semble que messire Jehan de Copellant vng moult roy de cheualier se mist a luy. Adonc esprouuerent ilz leurs cheuaulx et se bouterent lun sur lautre de plain eslais et se donnerent sur les targes de grans horions. La fut consuy messire Lancelot du cheualier anglois en telle maniere quil luy persa sa targe et toutes ses armeures : et luy persa tout oultre le corps et fut nauré a mort dont ce fut dommage. Car il estoit appert cheualier : ieune iolis et moult et fort amoureux : et fut la et ailleurs depuis moult plainct. Adonc se bouterent françois et anglois les vngs dedans les autres et vindrent tout main a main. La furent bons cheualiers de la part des françois, messire Guillaume des Bordes : le petit Seneschal Deu : messire Guillaume Marcel : Braque de Braquemont et tous les autres et se combatirent moult vaillamment et aussi firent les anglois : messire Jehan de Harleston : messire Phelippart Picourde : messire Jehan Burle : messire Jehan de Copellant et tous les autres. Et finablement aduint que par bien combatre la iournee leur demoura et furent tous mors ou prins cheualiers et escuiers mesmement vng escuier Haynault quon appeloit Guillaume de Beaulieu :

et messire Guillaume des Bordes prins. Si furent ces prisonniers menéz a Chierbourg : et la trouverent messire Oliuier de Claquin qui estoit aussi prisonnier. Ainsi alla de ceste besongne comme ie fus adonc informé.

Mais j'en ai déjà trop dit sur l'histoire de ces villes. Ma tâche est de justifier mon opinion, et d'établir que le port de Barfleur n'a point eu, pendant le moyen âge, la prétendue supériorité qu'on lui attribue sur celui de Cherbourg.

L'auteur des recherches a mis en avant une foule d'allégations contre le port de Cherbourg. Je vais les mettre sous les yeux du lecteur. J'espère qu'il me suffira, pour les détruire toutes à la fois, d'une seule observation générale sur le port de Cherbourg, tel que la nature l'a fait ; c'est-à-dire que je vais établir son origine et sa situation, non seulement pendant le moyen âge, mais encore dans les siècles antérieurs. Cette observation sera appuyée sur des faits matériels que tout le monde peut vérifier encore aujourd'hui : ainsi elle ne sera pas contestée. Je discuterai ensuite chacun en particulier les faits énoncés par l'auteur des recherches à l'appui de son opinion.

Je dois avant tout faire au lecteur une observation importante, c'est que tous les détails dans lesquels je vais entrer sur le port de Cherbourg, n'ont aucun rapport avec le magnifique établissement qu'on vient d'y construire pour la marine militaire. Je ne parlerai ici que du port de Commerce, c'est-à-dire de son ancien port. Je remets à la fin de cet écrit à donner une notice abrégée du grand port et des autres constructions accessoires.

L'auteur des recherches dit (page 6): *le prince danois résidait à Cherbourg, on en conclud trop facilement que ce lieu possédait alors un port considérable ; il est probable qu'il y en avait un ; mais les historiens ne le disent pas positivement.........* Même page, *quant à un port à Cherbourg, nous n'en voyons, je le répète, aucune indication précise.*

Page 8, *après avoir lu cette pièce* (l'acte de mariage de Richard III), *on ne peut plus douter qu'il y avait alors un château à Cherbourg, mais rien n'y indique encore l'existence d'un port de mer de quelqu'importance.*

Page 18, *pourquoi ne pas passer par Cherbourg, dont Henri I.er avait fait fortifier le château : pourquoi Etienne, dont ce château fut long-temps la principale forteresse dans notre département, n'y passait-il point ? La réponse me paraît toute naturelle, c'est parce que Cherbourg ne leur offrait pas un port assez accessible et assez sûr.*

Page 21..... *Au milieu de l'hiver, pourquoi dans cette saison, si le port de Cherbourg eût* été aussi bon, n'allait-il pas attendre les vents dans le château qu'il y avait, et qu'il habita souvent dans les grandes solennités ? La réponse se présente tout naturellement, c'est que le port de Barfleur était préférable.

Page 31 (à la fin de la note), *j'ai appris en outre que la sortie de Barfleur était bien plus facile que celle de Cherbourg, et que les marées et les courans étaient bien plus favorables pour aller à l'île de Wigt, à ceux qui partent de Barfleur qu'à ceux qui font voile pour Cherbourg.*

Ce sont les deux rivières de la Divette et du Trottebec, qui ont fait le port de Cherbourg (*a*); ainsi il a commencé à exister avec elles, et voilà son antiquité bien constatée. Avant qu'on eût détourné leurs cours, c'est-à-dire il y a à peu près 50 ans, elles venaient se réunir à l'extrémité de la vallée que forment les deux montagnes du Roule et de la Fauconnière : de là elles traversaient, ce qu'on appelait l'arrière-bassin, le port et le chenal pour se rendre à la mer.

―――――――――

(*a*) Il paraît que cette observation a échappé à l'auteur de recherches, qui est convaincu, dit-il, de l'existence de ce port, *par la configuration de sa rade, par l'établissement du camp romain, à Tourlaville, et par celui de la station de coriallum*. (page 9) Ainsi, sa conviction repose sur trois conjectures qui sont même assez incertaines, et il ne parle point des deux rivières qui en sont l'indice principal et la cause réelle.

L'espace qu'elles parcouraient depuis leur confluent jusqu'au bout du chenal était de 7 à 800 toises : non seulement ces deux rivières ont créé le port de Cherbourg, mais encore elles l'ont conservé, parce que le cours perpétuel de leurs eaux qui le traversaient deux fois le jour, à mer basse, a empêché qu'il ne s'y formât des bancs ou des amas de sable qui auraient fini par le combler, et en faire un terrain d'alluvion, tandis qu'au contraire elles ont maintenu le chenal à une profondeur telle qu'il y montait, comme aujourd'hui, 18 pieds d'eau dans les vives eaux ordinaires. On peut voir l'effet qu'ont produit les sables que les vents et les marées ont apportés peu à peu sur les terrains du voisinage qui n'étaient pas traversés par le cours de ces deux rivières.

Alors, le flot de chaque marée ne rencontrant dans ce grand espace aucun obstacle pour l'arrêter dans sa marche, la mer montait, plus ou moins, suivant la hauteur des marées, bien au-delà des limites du port actuel, du côté de l'est ; jusqu'au bas de la montagne du Roule, ver le sud ; et, du côté de l'ouest, tout près des maisons du faubourg, et de la rue qui porte maintenant le nom de rue de l'Ancien-Quai. On l'a vue souvent s'élever dans les marées d'équinoxe jusqu'au pont du Roule, qui était alors le seul accès possible pour entrer dans Cherbourg de ce côté. Cette immense plage étant ainsi couverte des eaux de la mer deux fois chaque jour, les bâtimens, lors de leur arrivée, y choisissaient leur place, suivant leur tirant d'eau; et, pendant la basse mer, ils se trouvaient à portée soit de prendre, soit de déposer leur chargement ; ceux qui avaient besoin de se faire réparer, attendaient une grande mer qui les portait au rivage, où ils étaient à sec pendant la morte eau, et une autre grande mer venait les remettre à flot.

Tel était le port de Cherbourg dans son état primitif, et il est resté le même jusqu'à l'époque de 1739, qu'on a commencé à y faire les premiers travaux d'art ; car on ne peut donner ce nom à une jetée faite, sans doute, dès les premiers temps, en pierres perdues, sans liaison et très-peu élevée, dont l'objet principal était d'empêcher les sables de la grève de Tourlaville de venir s'y amasser ; elle servait aussi au halage des bâtimens, au moyen de quelques poteaux de bois qui y étaient plantés de loin en loin. Il y avait de plus deux balises qui indiquaient l'entrée de la passe, et des anneaux de fer dans les murs du château et de la fortification à l'ouest du port, auxquels les navires venaient s'amarrer.

Ainsi, jusqu'en 1739, le port, et ce qu'on appelait le bassin de Cherbourg, ont été ce que la nature les avait faits ; ce qu'ils étaient pendant le moyen âge et dans les siècles antérieurs. Cette même année on commença à y construire un bout de jetée sur chaque côté du chenal, des commencemens de mur de quai, une écluse et un pont tournant. L'adjudication de ces travaux avait été portée à cinq cent soixante mille francs; mais tout ce qui était fait fut bientôt détruit par les anglais, qui prirent cette ville en 1758, et l'occupèrent pendant 8 jours qu'ils employèrent trop bien à cette destruction à force de mines, de manière qu'il ne resta rien des constructions nouvelles. Ainsi, ce port se retrouva tout-à-fait dans son état primitif, et il y est resté jusqu'en 1772 ou 1773, que les travaux, qu'on avait repris en 1766, commencèrent à y apporter des changemens. Les habitans de Cherbourg, et il en existe beaucoup qui peuvent se souvenir de cette époque, ont vu le port tel que je viens de le décrire. Ils ont vu l'immense étendue que la mer couvrait depuis les Mielles jusqu'au faubourg et au bas de la montagne; ils ont vu construire des bâtimens de toute grandeur tout près des maisons de la rue de l'Ancien-Quai, au-delà de la nouvelle prison qu'on vient d'y bâtir; et sur-tout vers l'année 1764, le navire le Maréchal-de-Bellefond, de 220 à 240 tonneaux. Ils ont vu construire aussi, au bas de la rue du Château, en 1766, les navires le Télémaque et l'Aimée-Olive, tous deux de 120 à 130 tonneaux;

de ces divers points de la ville, beaucoup de personnes s'embarquaient sur des canots pour aller à l'Hermitage du bas de la montagne ou au Cauchin.

Après avoir parlé de la situation intérieure de ce port tel que la nature l'avait fait, il faut dire aussi quelle était sa situation extérieure.

La baie de Cherbourg est une position très-avancée au milieu du canal de la Manche, à une distance à-peu-près égale de Brest et de Dunkerque. Elle est ouverte à la pleine mer en forme de croissant, dans une largeur de dix lieues environ, entre les deux caps de Barfleur et de la Hague et en face de l'île de Wigt. C'est cette position que le maréchal de Vauban appelait *Audacieuse*, par rapport à l'Angleterre (*a*); le port est au fond de la baie. Son chenal, dans lequel on trouve, comme je l'ai dit, une hauteur d'eau de 18 pieds au moins dans les vives eaux ordinaires est dans la direction nord et sud. Il donne aux bâtimens qui sortent une longueur de 300 toises à parcourir; de là ils n'ont que 5 ou 600 toises pour arriver en rade. Une fois là, ils peuvent s'élever à la pleine mer

---

(*a*) Mémoire de M. de la Bretonnière, in-4.°, page 9. Voir aussi cette position sur la carte de France de l'atlas de Brué, 1820 et 1822, et sur toutes les autres cartes de la France.

de tous vents, et faire voile pour leur destination (*a*) ; nul port en France n'offre un accès plus facile à la mer, et plus de commodité pour en sortir. Pas une roche, pas un écueil, pas un banc de sable, ni à ses abords, ni bien loin en mer (*b*).

Il résultait de tous ces avantages du port et de la rade de Cherbourg, avant qu'on y eût exécuté aucuns travaux, que le plus grand nombre de capitaines de navires, même étrangers, ne prenaient point de pilotes pour y entrer, ni pour en sortir, parce que son facile accès à la pleine mer ne présentait aucuns risques, ni difficultés ; il faut excepter les cas où les réglemens de la marine exigent que les capitaines prennent

---

(*a*) La rade de Cherbourg a un avantage incontestable........ c'est qu'une flotte entière ou une armée peuvent en sortir ensemble et en même temps. Elles sont en pleine mer aussitôt qu'elles sont hors des jetées, et leur manœuvre ou leurs mouvemens ne sont embarrassés par aucun écueil ni danger. (Mémoire de la Bretonnière, sur Cherbourg, in-4°, page 11.)

(*b*) Il faut ajouter à ces avantages celui d'une rade où l'on trouve un bon mouillage. La tenue des ancres est bonne à Cherbourg : le fond y est de sable, peu élevé, et n'est curé et mêlé de corail qu'aux environs du Homet ; on y rencontre des huîtrières, dont la position varie et ne nuit pas au mouillage. (Mémoire idem , page 24.)

prennent des pilotes suivant la grandeur de leurs bâtimens; il en résultait qu'aux premiers indices d'un coup de vent, tous les navigateurs de la Manche se refugiaient dans ce port; on y en voyait entrer 20 ou 30 chaque marée, et on en voyait dans les gros temps, ou aux approches de l'équinoxe, jusqu'à 200 ou 300 remplir cette immense étendue, que la mer couvrait jusqu'au bas de la montagne, ce qui faisait dire au maréchal de Vauban ce mot remarquable *que le port de Cherbourg était l'auberge de la Manche;* il faut se souvenir que lorsqu'il lui rendait ce témoignage, il n'y avait encore aucuns travaux qui eussent changé son premier état; car c'était en 1687 et 88 qu'il y fit deux voyages, et qu'il y séjourna quelque temps; il en résultait enfin que le gouvernement, ne pouvant se dissimuler tout ce que la nature avait fait pour le port de Cherbourg, ordonna les travaux de 1739, et qu'il les fit reprendre en 1766.

Au moment où on allait commencer l'impression de cet écrit, un des directeurs du grand Port, à qui je donnais lecture du passage qu'on vient de lire, me dit qu'il retrouvait là les mêmes idées qu'il avait émises dans un mémoire adressé au ministre de la marine, le 27 décembre 1821, il eut la bonté d'envoyer chercher ce mémoire dans lequel se trouve le passage suivant:

« *Quiconque habite Cherbourg, a pu recon-*

naître la facilité avec laquelle les bâtimens, naviguant dans la Manche, trouvent, en ce port une relâche commode et sûre. Ces relâches ne sont point accidentelles : elles se font chaque fois que le mauvais temps se déclare ; et, à l'approche d'une tempête, vingt fois nous en avons été témoins, au moment même où nous esquissons ce mémoire ; lorsqu'on n'entend parler que de naufrages et de malheurs sans nombre, qui ont eu lieu sur toutes les côtes de l'Europe ; Cherbourg, dans l'intervalle de dix jours, a donné asile à près de trois cents bâtimens, sans qu'aucun d'eux ait éprouvé le moindre accident. Un tel argument est sans replique, et justifie ce mot du célèbre *Vauban* : *le port de Cherbourg est l'auberge de la Manche.*

Telle est l'origine, et telle était la situation du port de Cherbourg, dans tous les temps antérieurs jusqu'à l'époque de 1771 ou 12. Cependant, l'auteur des recherches semble mettre son existence dans le vague des probabilités et même dans une espèce d'incertitude. *Il est probable, dit-il, qu'il y en avait un, mais les historiens ne le disent pas positivement.* Mais les historiens, qui sont en si petit nombre à cette époque, indiquent le port de Cherbourg avant qu'aucun d'eux eût indiqué celui de Barfleur. La première fois qu'ils font mention de ce dernier, c'est lors de la descente de l'armée du roi Ethelred sur la côte du Val-de-Saire, vers l'an 996. Ce port n'est pas nommé dans leur récit, mais il n'est pas douteux que c'est lui dont il est question; et ces mêmes historiens nous apprennent que plus de 50 ans auparavant le roi de Dannemarck Haigrold était arrivé à Cherbourg, avec une flotte considérable, puisqu'ils parlent de 60 navires; c'est là sans doute un indice bien positif du port de Cherbourg. Je pourrais citer aussi l'occupation de cette ville par les Saxons Normands au 9.ᵉ siècle; ils en avaient fait leur place d'armes, et il n'est pas douteux qu'ils en firent aussi leur point de communication, avec leurs côtes, pour recevoir les bandes que leur pays jetait sans cesse sur les rivages du Cotentin : c'est encore un indice du port de Cherbourg, avant qu'on eût jamais parlé de celui de Barfleur.

L'auteur des recherches dit encore ceci: *quant à un port à Cherbourg, nous n'en voyons, je le répète, aucune indication positive.* Il faut demander aux historiens des témoignages pour les faits passés qui ne laissent point de traces, et qui, sans eux, seraient effacés de la mémoire des hommes : il faut leur demander des indications pour les lieux qui ont changé de forme; mais le port de Cherbourg, dont l'origine et la situation sont sous nos yeux, n'a besoin ni des témoignages de l'histoire, ni d'indication pour constater son existence : elle est aussi ancienne et aussi avérée que celle des deux rivières qui l'ont créé, dont nous n'avons pas besoin que les historiens nous parlent.

Cependant, l'incertitude de l'auteur des recherches cesse entièrement lorsque Henri II s'embarqua à Cherbourg en 1181 ; mais alors, il parle de *son peu d'importance*, et ailleurs de *son infériorité*. Il dit, par exemple, que le port de Cherbourg était *moins accessible et moins sûr que celui de Barfleur;* et ailleurs, *que le port de Barfleur était préférable.* Quand on prononce un jugement comme celui-là, on devrait le motiver. Ce serait le cas de faire la comparaison des deux ports ; mais je tiens à la déclaration que j'ai faite au commencement de cet écrit, que je ne voulais point faire l'apologie du port de Cherbourg, au détriment de celui de Barfleur, et que c'était par un mémoire historique de faits que je voulais répondre ; ainsi, que l'auteur des recherches établisse la situation du port de Barfleur, pendant le moyen âge, comme je viens d'établir celle du port de Cherbourg ; la comparaison se trouvera faite, et le lecteur sera mis à portée de juger ; quant à présent, il me suffit, pour défendre Cherbourg, de n'avoir eu qu'à le faire connaître.

Beaucoup de personnes étrangères à Cherbourg ont pu se méprendre sur son ancien port, c'est-à-dire celui du Commerce, et croire, d'après la renommée des grands travaux qu'on y a exécutés depuis 60 ans, que c'était un port de nouvelle création. En effet, on y a construit une belle jetée en granit le long du chenal; un avant-port et un bassin à la même place que l'ancien, qu'on a entourés de murs de quai aussi en granit; une grande écluse avec un pont tournant, qui est un chef-d'œuvre de mécanique; des portes de flot, au moyen desquelles des navires flottent toujours, et une vaste retenue pour les eaux de la Divette et du Trottebec, qui, avec une écluse de chasse, sont un moyen de curage pour le port et le chenal. Ces belles constructions donnent maintenant au port de Commerce toute sorte d'avantages, de commodités et d'embellissemens; mais elles n'ont pas créé le port de Cherbourg. Avant qu'aucuns de ces travaux fussent exécutés, la rade était dans la même situation et présentait les mêmes avantages; le port avait un bel accès à la mer et une entrée facile : elle l'est devenue davantage par la construction de la nouvelle jetée, à cause de l'éclairage du chenal et d'un halage plus commode pour l'entrée et la sortie des bâtimens; il y avait la même hauteur de 18 pieds d'eau dans le chenal et dans le port. Seulement alors le port et le bassin étaient partout dans cette vaste plage que la mer couvrait; mais, sans avoir ces quais, quelque précieux qu'ils soient pour recevoir les navires à leur arrivée, et pour les mettre en état de partir, ils étaient sûrs de trouver dans ce port, tel qu'il était, un lieu de refuge où ils pouvaient aborder facilement, et un abri parfaitement sûr. Le maréchal de Vauban avait cet état de choses sous les yeux, quand il faisait l'éloge de la rade de Cherbourg et de son port, en 1688 et 89.

Je passe maintenant à l'examen de chacun des faits cités par l'auteur des recherches, à l'appui de son opinion de la supériorité du port de Barfleur sur celui de Cherbourg, pendant le moyen âge. Je suivrai comme lui l'ordre des temps.

On lit pages 3 et 4 des recherches : *Dans le 6.e siècle, St-Romphaire (Rumpfer), venant du Northumberland, débarqua à Barfleur......* à la fin de l'article, *ces détails ne seront probablement pas contestés.* Certainement, ils ne le seront pas. St-Romphaire a été l'apôtre et le pasteur de Barfleur, dont les habitans lui étaient assez attachés pour le supplier instamment de rester avec eux plutôt que d'accepter la chaire épiscopale de Coutances, à laquelle il fut appelé; mais je demande aussi qu'on ne conteste pas que St-Clair, débarquant d'Angleterre, aborda au port de Cherbourg. On regarde les actes de sa vie comme étant rédigés long-temps après sa mort. L'estimable auteur de l'hist. ecclés. de

Normandie dit qu'*il serait à souhaiter qu'ils eussent plus d'authenticité ; et qu'ils nous instruisissent mieux (a).* On ne sait même pas où était située l'abbaye de Maduin, dans laquelle on dit qu'il a vécu sous la discipline de l'abbé Odebert. Il ne faut pas en conclure qu'elle n'a pas existé : mais la chapelle de S.t-Clair, dans la paroisse de Nacqueville, près Cherbourg, où elle subsiste de temps immémorial *(b)* ; le culte qu'on lui rend dans plusieurs paroisses, dont quelques-unes sont sous son invocation, sont des témoins qui appuient une partie des pieux récits qu'on fait de ce Saint. J'ai retrouvé sur sa vie le passage suivant, dans une dissertation de M. Pâté, curé de Cherbourg, qui a laissé une mémoire assez révérée pour que M. Trigan, auteur de l'hist. ecclés. de Normandie, ait fait imprimer l'histoire de sa vie. *Il existe une tradition dans la paroisse de Négreville (près Valognes), qu'Odebert et ses religieux étaient établis dans cette paroisse ; qu'ils y suivaient la règle de S.t-Antoine ; que leur chapelle était dédiée à S.t-Paul ; qu'on en voit des vestiges dans un clos appartenant à M. de Premesai ; que ce fut là où S.t-Clair fut reçu à son arri-*

(*a*) Tome 2, page 203.
(*b*) Tome 2, page 201, idem.

vée d'Angleterre ; que le ruisseau où il lava ses mains, après avoir fait une guérison miraculeuse, porte encore son nom, et qu'il devint le second patron de l'église paroissiale qui est dédiée à S.t-Pierre et à S.t-Clair (a) ; Sa fête est en effet célébrée dans l'église de Négreville, avec un grand concours. L'assemblée foraine, qui s'y tient ce même jour, est la plus nombreuse de toutes celles qui ont lieu les jours de fêtes patronales dans les autres paroisses. Une fontaine de cette paroisse porte le nom de S.t-Clair. Deux fermes portent aussi le nom de Clair. Les habitans conservent une ancienne tradition ; que la plus grande des deux, située sur les frontières de Brix, était une abbaye ; près d'elles est un moulin qui porte aussi le nom de Clair. Ces traditions et ces noms doivent sans doute être considérés comme des traces encore existantes de l'arrivée et du séjour de S.t-Clair à Cherbourg et aux environs.

Nous avons aussi à citer le débarquement de S.t-Germain, venant d'Angleterre. *Son passage est revendiqué*, dit l'auteur des recherches, *avec une grande incertitude, par trois endroits différens : Diellette, Barfleur et Cherbourg. Les vraisemblances sont en faveur de Barfleur.*

(a) Archives de la cure de Cherbourg.

Il faudrait que cette vraisemblance fût appuyée par quelques traces encore subsistantes de son arrivée dans le Val-de-Saire, et on n'en cite aucunes, tandis qu'on en trouve pour Cherbourg dans l'église de Bretteville, à une lieue de distance de cette ville, qui est sous son invocation ; et sur-tout dans l'ancienne chapelle dédiée à ce saint, qui était connue sous son nom dans la paroisse de Querqueville, distante aussi d'une lieue de Cherbourg, vers l'ouest. Cette chapelle a servi long-temps d'église paroissiale : elle est le plus ancien monument religieux de tout le Cotentin, après l'église de S.te-Croix de St.-Lô. On croit que toutes deux existaient avant l'établissement du christianisme.

Les habitants de la Hague réclament aussi l'honneur du débarquement de S.t-Germain, à leur port de Diellette : ils disent que le jour de l'arrivée de ce saint, fut un jour de joie publique ; et que pour en perpétuer la mémoire, on donna le nom de Diellette, *dies læta*, qui veut dire jour de joie, à la rivière et au port qui est à son embouchure. Deux paroisses, dont l'une est assez voisine de ce petit port, et l'autre à cinq ou six lieues de distance, sont non seulement sous son invocation, mais aussi elles portent son nom : S.t-Germain-des-Vaux et S.t-Germain-le-Gaillard. Le nom de cette dernière paroisse a-t-il la même origine que celui de Diellette? c'est une question d'étymologie, que nous laissons à d'autres à examiner. Il résulte de ce qui vient d'être dit, que l'arrivée de S.t-Clair à Cherbourg, et peut-être celle de S.t-Germain, prouvent au moins autant en faveur de ce port, que le débarquement de S.t-Romphaire en faveur de celui de Barfleur.

L'auteur des recherches ne parle point de la terrible époque des incursions des Normands et Saxons, depuis le 5.e siècle jusqu'au 9.e. On ne peut douter qu'alors Cherbourg, Barfleur et les autres petits ports et havres du Cotentin, ont été fréquentés par ces bandes qui venaient infester nos côtes dans le 4.e siècle. Il est même bien probable qu'une partie des Saxons, qui donnèrent, à la fin du 4.e siècle, le nom de *Littus Saxonicum* au Bessin, après s'en être emparés malgré les Romains, y avaient pénétré par le Cotentin. Leur passage n'y est que trop bien attesté par la ruine et l'incendie des villes *d'Alauna*, de *Cruciaconum* et *d'Arægena*, dont on ne trouve plus de traces après eux dans l'histoire ; non seulement ils le traversèrent, mais encore ils s'y établirent, au moins le long des côtes, et ils finirent par l'envahir tout entier. Le livre noir du chapitre de Coutances dit que pendant les ravages des Normands aux 8.e, 9.e et 10.e siècles, il n'y avait dans le

Cotentin ni office ni lieu où on pût le célébrer. Le dernier des évêques de cette époque, qui ait pu y résider, a été S.t-Romphaire. Depuis lui (l'an 600) (*a*), jusqu'en 1035, que Robert I.er put y revenir, les évêques de Coutances demeuraient à S.t-Lô de Rouen (*b*), dans le lieu d'asile que Rollon leur avait donné. Pendant ce laps de temps on ne trouve plus que le nom de quelques-uns de ces évêques, dont l'ordre de succession n'est pas même constant, et on ne connaît aucuns de leurs actes ; ce sont seulement leurs souscriptions à quelques conciles, qui nous révèlent leur existence.

Le Cotentin, alors occupé par ces pirates du nord, n'était plus qu'un vaste désert ; les bandes nouvellement débarquées le traversaient en tout sens, et elles achevaient de détruire ce qui avait échappé à celles qui les avait devancées. C'était sur-tout le christianisme qu'ils voulaient détruire, ses ministres, le petit nombre de chrétiens qui existaient, et tout ce qui ser-

---

(*a*) Rouault, vie des évêques de Coutances.

(*b*) Le duc, du consentement de l'archevêque, donna a Thierri ou Theodoric, évêque de Coutances, l'église de S.t-Sauveur, en attendant que lui ou ses successeurs fussent remis en possession de leur évêché. (Trigan, hist. ecclés. de Normandie, tome 2, page 294.)

vait au culte était l'objet de leur fureur. Ils étaient ainsi venus à bout de rétablir le paganisme sur ses ruines. Quelques villes seulement, qu'ils n'avaient pas entièrement détruites, leurs servaient de refuge. Ce malheureux état de choses durait encore après le traité de Charles le Simple avec Rollon, en 912.

Nous avons un témoignage bien remarquable du président Fauchet sur l'état où était alors le Cotentin. Voici comment en parle cet historien, réputé exact et judiciaire : *le Cotentin, du temps de nos rois Merovingiens, était habité des Sênes, pirates* (Saxons), *et semble avoir été abandonné des Charliens* (les successeurs de Charlemagne), *comme variable et trop éloigné de la correction de nos rois aux Normands, et autres écumeurs de mer, pour être, cette terre, comme une presqu'île, séparée de la France* (*a*). L'opinion de cet historien, que

---

(*a*) Antiquités et histoires Gauloises, par le président Fauchet, in-4.°, chap. 11. Il y a lieu d'être étonné du silence absolu que les anciennes chroniques et histoires de France gardent sur le Cotentin et sur les villes qui s'y trouvent, dont aucune n'y est même pas nommée pendant la 1.re et 2.e race de nos rois. Cependant, celles de Coutances, S.t-Lô, Valognes et Cherbourg étaient connues sous le règne des empereurs Romains, comme résidence des autorités, ou comme lieux d'étape et de station pour les légions

le Cotentin avait cessé d'être gouverné par nos rois de la 1.re et de la 2.e race, est confirmée par la conduite que tint Charlemagne, lorsqu'*il se transporta à Rouen* (dit Masseville), *pour faire fortifier les lieux de notre province qui pouvaient être attaqués par les hommes du nord* (a). En effet, cet empereur, jugeant qu'il ne pouvait défendre le Cotentin, contre les bandes armées des barbares, qui débarquaient sans cesse dans tous les ports et havres de la côte, se détermina du moins à les empêcher de pénétrer dans l'intérieur de la France, en faisant fortifier les villes de S.t-Lô, de Bayeux, de Vire et de Falaise, qui devinrent alors les limites de la France, de ce côté. Les historiens de ces villes (b) disent que ce fut en effet Charlemagne qui en fit construire les fortifications, ainsi il en faisait ses villes frontières, et il abandonnait le Cotentin, qu'il mettait en dehors de son empire.

On connaît l'époque à laquelle les villes de S.t-Lô, de Coutances et de Bayeux furent pri-

---

Romaines. Ce passage, du président Fauchet, donne une explication satisfaisante de ce silence sur un pays que le malheur des temps plaçait en dehors de la France.

(a) Masseville, tome 1, page 70.
(b) Besiers, hist. de Bayeux; Langevin, hist. de Falaise; hist. manuscrite de St-Lo; hist. aussi manuscrite de Vire, par M. Lecoq.

ses et incendiées par les barbares ; mais on ne nous a point dit quand les autres villes du Cotentin eurent le même sort. Robert Wace en nomme seulement quelques-unes, au nombre desquelles est celle de Cherbourg.

Bruschamport, Paillard, Montebroc.*(Montebourg)*
El i Chastel de Chierisborc...... *(Cherbourg.)*
Destruit hastainz par sa ponée... *(Puissance.)*

Cherbourg avait dès-lors son château fort ; tout porte à croire qu'ils ne le détruisirent point, et qu'ils en firent leur place d'armes et leur point de communication avec l'Angleterre et le Dannemarck. Cette ville était facile à défendre au moyen de ce château, et sur-tout par sa situation. Entourée d'un côté par la mer, et de l'autre par la forêt, alors immense, qui s'étendait jusqu'à peu de distance de Coutances (*a*), sans chemins tracés, et dans un pays coupé par

---

(*a*) Entre Cherebourg et Valognes, de ce costé sont les haults boys et forest d'une part et d'autre jusqu'à la cité de Coutance. Et peuvent ceulx de Cherebourg issis et chevaucher sur le pays à l'adventure toutes fois qu'ils veulent ; car ils avoyent parmy les boys un chemin fort haye de costé et d'aultre et quand ils sont en leur chevauchée, on ne peut les approcher. Et est Cherebourg l'ung des forts chasteaux du monde.

(Froissart, tome 2, in-4.°, page 20, verso).

des ravins et des montagnes ; ils n'avaient à craindre que du côté de la mer, dont ils étaient les maîtres, car ils étaient alors les meilleurs et peut-être les seuls navigateurs. Cette opinion, que les Normands, après avoir pris Cherbourg, en firent leur place d'armes, devient plus probable à mesure qu'on lit les historiens qui parlent de cette époque. On lit dans les mémoires de l'académie des inscript., *que les bandes du nord se fortifièrent dans des points faciles à défendre ; que c'étaient de ces retraites qu'ils partaient pour leurs courses (a).* Un de nos historiens Normands dit que, *comme ses prédécesseurs, le roi Eudes fut contraint de composer avec eux, et ne pouvant les obliger à repasser la mer, il leur fit de grands présens pour les éloigner du cœur de l'état, et ils se retirèrent en Cotentin, où ils firent leur place d'armes, après avoir pris et pillé S.t-Lô (b)*. Un autre de nos historiens s'exprime d'une manière plus positive à l'égard de Cherbourg, il dit, en parlant de cette ville : *elle fut, lors de la venue des infidèles, comme les autres lieux de la province, exposée à leur fureur, sans néanmoins la détruire, s'en étant fait un port assuré pour en-*

_____

(a) Mémoires de l'académie des inscriptions, tome 17, page 251.

(b) Eustache Dâneville, hist. gén. de Norm., page 50, in-8°.

trer et sortir quand il leur plairait (a). L'arrivée du roi de Dannemark Haigrold, au port de Cherbourg, peu de temps après, est un indice de plus, que les Danois avaient fréquenté ce port, et qu'ils s'en souvenaient. Nous allons parler de cet événement.

Les pages 5 et 6 des recherches sur les ports de Cherbourg et de Barfleur font mention de l'arrivée du roi Haigrold, vers l'an 940. Ce roi, détrôné par son fils Swenon (b), venait demander à Guill. Longue Epée, duc de Normandie, des secours pour reconquérir sa couronne. Le duc l'accueillit en bon parent, et lui donna les domaines du Cotentin pour le faire subsister jusqu'à ce qu'il eût pu le rétablir dans ses états (c).

Ce roi

(a) Toussaint de Billi, hist. manuscrite des villes du Cotentin, in-4.°, page 82.

(b) L'auteur contemporain, de qui nous avons l'éloge d'Emma *(Emmæ Encomium)*, rapporte qu'un roi de Dannemarck, du nom de Swenon, chassa son père de son trône, après l'avoir vaincu. Il ajoute que les Danois chérissaient le fils, et que par cette raison le père le haïssait. *Undè magis magisque, invidia angebatur.* (Script. Norm. de Duchesne, page 164.)

(c) Aigroldus, rex Danorum, à filio suo de regno pulsus cum sexaginta navibus armato milite duplex adiit. Quem potens ac liberalis dux

Ce roi arriva avec une flotte de 60 voiles ; les historiens disent que c'est à Cherbourg qu'il faisait sa résidence, et qu'il y subsistait avec le produit des domaines du Cotentin. Orderic Vital dit qu'il y demeura deux ans (*a*) ; mais l'auteur des recherches, qui ne veut pas dire qu'il débarqua à Cherbourg, et qui ne peut pas dire qu'il débarqua ailleurs, s'exprime ainsi : *un auteur contemporain nous apprend que le prince Danois résidait à Cherbourg. On en conclut trop facilement que ce lieu possédait alors un port considérable : il est probable qu'il y en avait un ; les historiens ne le disent pas positivement....* A la suite et à la même page : *quant à un port à Cherbourg, nous n'en voyons, je le répète, aucune indication précise.* Ainsi, sans nier d'une manière positive, le débarquement de ce roi à Cherbourg, il fait plus, car il met l'existence elle-même de ce port dans le vague de l'incertitude, et ainsi il donne à entendre, non seulement que ce débarquement n'a pas eu lieu, mais qu'il n'était même pas possible. Une nouvelle réponse à cette allégation serait surabondante ; je crois avoir prouvé, jusqu'à l'évidence, l'antiquité du port

---

dux eum honore congruo recipiens Constantinensem comitatum, ei ad præsidium concessit, etc. (scrip. Norm. de Duchesne, page 237).

(*a*) Biennio expectavit opportunitatem. (Orderic Vital, script. Norm. de Duchesne, page 424.)

de Cherbourg; elle n'a pas besoin d'être justifiée de nouveau par l'arrivée du roi Haigrold en ce port, avec sa flotte; mais puisque ce fait est contesté, il faut bien l'établir par des raisonnemens et des témoignages, au moyen desquels j'ai lieu d'espérer que cet antique événement ne sera pas rayé de l'histoire de Cherbourg.

Les historiens contemporains, sans dire explicitement que ce roi débarqua à Cherbourg, disent qu'il y résidait; l'un d'eux dit qu'il y demeura deux ans : nulle part on ne voit qu'il ait débarqué, ni qu'il ait résidé ailleurs. C'est là que Bernard le Danois, qui savait où il était avec sa flotte et ses Danois, lui adressa secrètement ses envoyés, pour qu'il vint aussitôt au secours de Richard, dont Louis d'Outremer voulait envahir l'héritage (*a*) : c'est à Cherbourg qu'ils le trouvèrent (*b*). Bien reçus par lui, il les comble de présens, et il leur promet, avec serment, qu'il va, sur-le-champ, faire mettre ses vaisseaux en mer (*c*).

(*a*) Bernard le Danois était le tuteur du jeune duc Richard I.er, et il gouvernait la Normandie pendant sa minorité.

(*b*) Haraldo Danorum regi apud Chierisborc, degenti, legatos mittit clàm, mandans, etc. (Guill. de Jumièges, coll. de Camden, page 627.)

(*c*) Cujus legatos rex gaudenter excipit, et muneribus ditatos maximis duci remittit; se que celerrimè missurum, juramento spopondit. (Ypod. neustriæ coll. de Camden, page 424.)

Guill. de Jumièges et Walsingham se servent tous deux du mot *celerrimè*, pour annoncer le départ précipité de ce roi, avec sa flotte, et son arrivée à l'embouchure de la Dive (*a*). Dans aucun des récits des historiens, il n'est question d'un autre lieu que Cherbourg, pour les préparatifs de départ d'Haigrold, et personne, jusqu'à présent, n'avait douté que sa flotte fût dans ce port, et que c'était là qu'il avait débarqué en venant du Danemarck.

Comment croire, en effet, que ce roi fugitif, arrivant avec quelques débris de sa flotte, et une petite armée de ses fidèles qui l'avaient suivi, c'est-à-dire avec un appareil qui annonçait encore un souverain, serait venu résider à Cherbourg, en laissant ailleurs son cortège? il y aurait vécu alors plutôt comme un exilé, que comme un roi malheureux, à qui le duc Guillaume Longue Epée, son parent, voulait faire un bon accueil. Comment croire qu'un roi, dans une circonstance pareille, abandonne ses compagnons d'armes et d'infortune, pour aller vivre loin d'eux, privé de leur compagnie, et eux de la sienne? Comment croire qu'il ait perdu de vue,

---

(*a*) Cujus monitis rex celerrimè favens, propulsis ad mare navibus, subductis que in altum velis...... littora appulit quà rapido meatu se procelloso mari Diva infundit.

pendant deux ans, sa petite armée de Danois et sa flotte, qui devaient être l'objet perpétuel de ses soins et de sa surveillance, parce qu'elles étaient sa dernière ressource et toute son espérance ? Il faut dire que le long séjour du roi Haigrold à Cherbourg, est, lui seul, une preuve que ce roi y a débarqué lors de son arrivée de Danemarck, et que c'est de là aussi qu'il est parti avec sa flotte et ses Danois, pour aller au secours du jeune duc Richard.

Ces faits, ainsi exposés, pourraient suffire pour constater historiquement l'arrivée de ce roi au port de Cherbourg ; mais nous allons en fournir des preuves plus positives, ce sont les témoignages des historiens de Normandie, qui rapportent ce fait d'une manière claire et précise.

On lit dans la plus ancienne chronique de Normandie : *durant le tems que le roy estoit à Laon, Heroult, le roy de Dennemarche arriva à tout vingt-deux nefs à Cherebourg* (a).

Dans une autre ancienne chronique de Normandie : *pendant que le roy de France étoit à Laon, Egroult, roy de Dannemarc, avec vingt-deux gros navires équipés de gents de guerre,*

(a) Chroniques et excellents faits des ducs, princes, barons et seigneurs de la noble duché de Normandie, in-4.°, sans date, lettres gothiques, folio 21, recto.

vint arriver en Normandie au port de Cherebourg (a).

Dans Gabriel du Moulin : *à ces prières, Harold arme une grande flotte, et prend terre à Cherbourg ; bien reçu par les Cotentinois, il y demeure plus d'un an, en attendant l'occasion de jouer des mains* (b).

Dans Masseville : *Bernard le Danois........ implora le secours d'Haigrold, roi de Dannemarck, qui descendit avec une armée à Cherbourg ; ceux du Cotentin et du Bessin* (c) *s'étant joints aux Danois, etc.* (d).

Dans Vely : *une armée de Danois, sous la conduite d'Haigrold, leur roy, était venue au secours de leurs compatriotes, et s'était saisie de Cherbourg, où les mécontents se rendaient en foule* (e). Il faut observer que c'est un histo-

―――――――――――

(a) Histoire et chronique de Normandie, imprimée à Rouen, 1610, in-8.°, folio 33, verso.

(b) Hist. générale de Normandie, par Gabriel du Moulin, page 62.

(c) Constantinenses autem, et bajocenses audientes adventum regis Haigroldi, propter amorem Richardi primi, venerunt servire illi. (Dudon de S.t-Quentin, page 122).

(d) Hist. sommaire de Normandie, par Masseville, tome 1, page 118.

(e) Hist. de France, par Vely, tome 2, in-12, page 224.

rien de France, qui dit les mécontents; les historiens Normands disent, au contraire, que c'étaient des sujets fidèles qui se réunissaient là pour aller à la défense de leur souverain contre Louis d'Outremer, qui, en voulant dépouiller le duc Richard, montrait autant d'injustice que d'ingratitude, car le père de ce jeune prince lui avait rendu de grands services pour le faire monter sur le trône de France, et ensuite pour l'y maintenir contre une partie de la noblesse qui était liguée contre lui (*a*).

Ainsi, les historiens généraux de Normandie attestent le fait du débarquement d'Haigrold, au port de Cherbourg, avec sa flotte. Quelques histoires particulières n'en parlent point, et pas un historien n'a encore nié ce fait; alors, celui qui dira le contraire sera le premier à émettre cette opinion à l'appui de laquelle il donnera sans doute des preuves et des témoignages historiques inconnus jusqu'à présent. En attendant ces preuves, il demeure constant que le port de Cherbourg est connu dans l'histoire dès l'année 940, et que c'est seulement 50 ans après que Barfleur y est nommé pour la première fois.

On lit page 8 des recherches : *Richard III, duc de Normandie, épousa Adèle, fille du roi*

(*a*) Masseville, tome 1, pages 102 et 103.

Robert. L'acte de son mariage existe (a)......
Après avoir lu cette pièce, on ne peut plus douter qu'il y eût alors un château à Cherbourg; mais rien n'y indique encore l'existence d'un port de quelque importance. S'il y en avait eu un qui méritât d'être cité, pourquoi Richard n'en aurait-il pas fait mention dans un acte où il nomme ceux de Portbail et de Barfleur.

Je ne puis voir, et beaucoup de personnes comme moi ne verront pas que Richard III, ayant désigné Cherbourg dans son acte de mariage (b) comme château, et non comme port de mer, on puisse en conclure que ce port n'avait point d'importance, et qu'il ne méritait pas d'être cité. Un acte civil n'est pas un article de géographie, ni une description historique qui doive caractériser un lieu sous tous ses rapports. Richard III signale dans cet acte tous les lieux qu'il assigne à la princesse Adèle, pour son douaire; quand il a désigné Cherbourg, qui était de ce

---

(a) Cet acte est copié en entier dans l'hist. ecclésiastique de Normandie, par M. Trigan, curé de Digôville, tome 2, pages 80 et 81 des observations.

(b) Concedo ergo tibi jure dotalitio.......... castellum videlicet Carusburc.......... abbatiam nec non quæ appellatur *Portbail*, quæ sita est juxtà aquam jorfluctum, cum portu maris, et pagum qui dicitur Sarnès, cum aquis et portu, et pagum qui dicitur Haga, cum sylvis et portu maris.

nombre, par son château : *Castellum videlicet Carusburc*, il n'a pas dû craindre que sa veuve fût inquiétée, un jour, pour cet article, faute de désignation suffisante, et c'est là tout ce qu'il devait vouloir. On pourrait dire qu'il a peut-être tenu à cette qualification, afin que la politique ne pût éluder un jour la réclamation de sa veuve, si un de ses successeurs avait des raisons de vouloir rester en possession de ce château, qui, après celui de Rouen, était le plus fort de la Normandie ; et quand l'auteur des recherches demande pourquoi il n'est pas fait mention du port de Cherbourg, dans un acte où on nomme ceux de Portbail (*a*), de Barfleur et d'Omonville ;

(*a*) Portbail est nommé avant cette époque dans la chronique de Fontenelle, (autrement S.t-Wandrille, que l'on croit être du 9.ᵉ siècle). *In pago Coriowallensi....... vas quoddam, ad instar parvi fuci in medio maris, juxtà locum qui vocatur portus ballii super aquam ferri visus est.* (Spicilegium Dacheri, tome 3, in-4.º, page 22). On a déjà émis l'opinion que le *pagus Coriowallensi* pouvait être le canton dont Cherbourg était le chef-lieu. Alors on aurait trouvé l'explication d'un capitulaire de l'année 863, sur lequel MM. de Valois, Huet, et d'autres savans ne sont pas d'accord. On y lit ceci : *Eirardus episcopus Theodoricus abbas : Herluinus, Harduinus, missi in apprincato, Constantino, Bagiliso, Coriliso, Oxmino et Lisvino.* Tous ces cantons de la basse Normandie sont conil est tout simple de lui répondre que ces lieux n'avaient de remarquable que leur port par où on pût les désigner. Il aurait pu citer aussi Robert Wace, qui désigne Cherbourg par son château : *li chastel de Chierisborc.* L'autre citation n'a pas plus d'importance que celle-là.

Il faut dire aussi que Richard III, qui n'a régné que deux ans, était jeune quand il faisait rédiger son acte de mariage. Il avait accompagné son père dans toutes les guerres qu'il eut à soutenir contre les comtes d'Arque, de Bourgogne, de Chartres et de Chalons (*a*). Et dans les intervalles il était venu souvent habiter le château de Cherbourg, avec son père, Richard le Bon, qui s'y plaisait (*b*). Il l'avait fait réparer sous ses yeux,

---

nus ; le seul qui fasse difficulté est *Corilisum* ou *Coriowalisum*, qui pourrait être celui de Cherbourg. (Mém. de l'acad. des inscript., tome 16, page 134, in-4.º). M. Lefranc a fait graver une carte de l'ancien territoire des diocèses de Coutances et d'Avranches, dans laquelle le territoire de Cherbourg est nommé *Pagus Coriowallensis.*

(*a*) Walsingham parle de cette époque, quand il dit que les Normands étaient accoutumés à mettre leurs ennemis en fuite, et que pas un d'eux ne tournait le dos. *Cujus temporibus semper fuerunt assueti hostes fugare Normanni : terga vertere nulli.* (Walsingham, page 21.)

(*b*) Ung jour le duc Richard II estoit en orayson en sa chapelle à Chierebourg : se vint à lui maistre

et il y avait ajouté de nouvelles fortifications. Alors, il est tout naturel que Richard III, ayant à désigner Cherbourg, ait moins songé au port de cette ville, qu'à son château qui devait être toujours présent à sa mémoire, par les souvenirs de sa famille avec qui il y avait vécu, et du temps de sa jeunesse qu'il y avait passé. Il me semble qu'on ne peut tirer de ce fait, je ne dis pas une preuve, mais un indice contre le port de Cherbourg.

La page 12 et les suivantes contiennent l'énumération des rois d'Angleterre, ducs de Normandie, qui se sont embarqués à Barfleur. Le récit de ces embarquements se trouve dans tous les historiens contemporains, et l'idée de les contester ne peut venir à personne ; mais comme ils sont le principal argument de l'auteur des recherches, pour prouver la prétendue supé-

---

Bernard, le clerc dont nous avons parlé, et lui dist: syre vous m'avés moult aymé, et pour toutes choses je vous requiers ung don. Vous l'aurés, dist le duc, demandès. Je vous requiers que dedans trois jours que je mourray, je soye mis en terre en celle place que vous aourés. Se le cas s'offre, dist le duc, que non se Dieu plaist; je le vous octroye. Au tiers jour après Bernard mourut, ainsi qu'il l'avoit dit, et fust mis en terre à la place où il avoit requis. (Chronique des ducs de Norm., barons, etc., lettres gothiques, sans date, in-4.º, folio 37, verso).

riorité du port de Barfleur, il faut poser l'état de la question de manière qu'il n'y ait pas lieu de s'en écarter dans le cours de la discussion.

Je commence donc par déclarer que ce n'est point sur le fait, ni sur le nombre des embarquements des princes Normands à Barfleur, que je suis d'une opinion contraire à celle de l'auteur des recherches ; c'est sur la conséquence qu'il en tire de la supériorité du port de Barfleur sur celui de Cherbourg. C'est sur les motifs qu'il suppose que ces princes ont eus de choisir ce port comme meilleur et plus avantageux pour la navigation. Ainsi il dit d'Etienne: *pourquoi ne passait-il point en Angleterre par Cherbourg ? c'est parce qu'il ne lui offrait pas un port assez accessible et assez sûr.* (Je crois qu'Etienne ne s'est pas plus embarqué à Barfleur qu'à Cherbourg.) Ailleurs il dit : *c'est que le port de Barfleur était préférable.*

On voit par ces citations que le récit des embarquements des rois d'Angleterre, ducs de Normandie appartient à l'histoire, mais que les motifs que l'on suppose à ces princes, d'avoir choisi le port de Barfleur, appartiennent à l'auteur des recherches : il ne les a trouvés nulle part.

Je crois avoir démontré jusqu'à l'évidence, par des faits que tout le monde peut vérifier encore aujourd'hui, que Cherbourg a été pendant le moyen âge, et dans tous les temps, un des ports de France les plus accessibles et les plus sûrs. Au lieu de répéter les preuves que j'en ai données, et que je ne crains pas que l'on conteste, je demanderai à l'auteur des recherches, si le port de Barfleur avait alors une rade; si celle de Cherbourg a changé de situation; s'il y avait une moindre hauteur d'eau pour le mouillage; si, à ses abords, même au loin en mer, il y avait des écueils qui en rendissent l'approche périlleuse et difficile; s'il n'y avait pas alors, comme aujourd'hui, dans son chenal, une hauteur de 18 pieds d'eau au moment de la pleine mer; s'il était obstrué par des roches ou par des bancs de sable; si son port, qui est au fond d'une baie, et qui, lui-même, est une autre baie entourée de montagnes, n'offrait pas un abri sûr et d'un facile accès. L'auteur des recherches dira-t-il que Cherbourg, qui a tous ces avantages, ne les avait pas alors? dira-t-il que Barfleur les avait? tels sont cependant les rapports d'une heureuse situation qui constituent la supériorité d'un port sur un autre; et tels sont les motifs que j'ai eus de dire que les embarquements des princes Normands à Barfleur étaient un fait vrai, mais qu'on en avait tiré une fausse conséquence de la supériorité de ce port sur celui de Cherbourg.

Nous allons entrer dans quelques détails sur

les embarquements des princes Normands au port de Barfleur. Edouard le Confesseur s'y est embarqué une fois en 1045, lorsqu'il partait pour aller occuper le trône d'Angleterre. Guillaume le Roux y a débarqué une fois en 1098. Il a passé souvent la mer pendant qu'il gouvernait la Normandie ; les historiens ne parlent point des lieux de son départ et de son arrivée, mais seulement d'un de ses débarquements à Touques. Henri I.er vint d'Angleterre y débarquer avec sa flotte en 1105, et il alla se loger à Carentan. Quinze ans après, en 1120, il s'y embarqua encore une fois. C'est dans ce malheureux trajet que son fils unique Guillaume périt sur la Blanche-Nef, avec plusieurs de ses parents, et beaucoup de seigneurs et de dames de sa cour. Ainsi, le port de Barfleur a reçu deux fois seulement ce roi, qui a traversé la mer tant de fois pendant 35 ans de règne qu'il fut toujours en guerre, soit pour conquérir la Normandie, sur le malheureux Robert son frère, soit pour s'y maintenir contre son neveu Guillaume, fils de Robert, en faveur duquel les seigneurs Normands s'étaient armés ; soit enfin contre le roi de France Louis le Gros, et les comtes de Flandre et d'Anjou. Un autre de ces princes, que l'on sait s'être embarqué aussi une fois au port de Barfleur, a été Richard Cœur de Lion, en 1189. Ainsi, dans les passages fréquents de ces princes en Angleterre, trois se sont embarqués une fois à Barfleur, et Henri I.ᵉʳ s'y est embarqué deux fois. Les autres ports où ils s'embarquaient ne sont point nommés, et cependant ils ont traversé souvent le canal de la Manche. Il faut ajouter au nombre de ces princes Henri II, dont nous allons parler.

Ce roi d'Angleterre, duc de Normandie, s'est embarqué, je ne dirai pas fréquemment, mais habituellement à Barfleur. L'auteur des recherches suppose toujours que le motif de cette préférence était la supériorité de ce port. Je crois en avoir dit assez dans le cours de cette discussion contre ce motif: ainsi il faut en chercher d'autres. Je ne me charge pas de les trouver ; il est des problêmes historiques, qu'il est impossible de résoudre, et la politique des rois rend quelquefois leur conduite inexplicable. Cependant, ne pourrait-on pas dire que Henri II, qui habitait souvent le château de Cherbourg, où il avait sans doute un appareil militaire, n'a pas voulu y joindre celui d'une flotte et d'une réunion de marins ? ne pourrait-on pas dire qu'ayant avec lui la reine Eléonore, et une cour nombreuse, il a eu souvent des raisons de ne pas vouloir que ses projets de départ fussent connus, et de pouvoir en faire faire secrètement les préparatifs à Barfleur, car ce roi, qui gouvernait l'Angleterre, et presque la moitié de la France, a eu de longues guerres à soutenir, et de fréquents voyages à faire pour raisons d'état, qui demandaient le secret. Ne pourrait-on pas dire qu'il avait dans ce port une flottille toujours prête, et des préposés à ses ordres, auxquels il n'avait qu'un avis à transmettre pour trouver à son arrivée tout disposé pour son embarquement? cette dernière supposition me paraît très-vraisemblable : il me semble même que cela ne pouvait être autrement; Henri II, qui a régné 35 ans, et qui faisait le trajet de l'Angleterre plusieurs fois l'année, devait avoir à ses ordres un équipage de flottille, comme les rois dans d'autres circonstances ont des équipages de guerre, de voyage ou de chasse. Il est au moins certain que ce même Henri II s'embarqua au port de Cherbourg, en 1181, avec le roi d'Ecosse, pour se rendre en Angleterre, et sans doute il aurait pu le faire plus souvent, sans les raisons que je viens de dire. L'auteur des recherches parle de cet embarquement, mais il ne dit pas que le roi d'Ecosse s'embarqua aussi avec le roi Henri. Il dit seulement que dans cette circonstance, les historiens ne parlent pas de flotte. J'observe que les historiens ne disent pas non plus qu'il n'y en avait point, et ce n'est certainement pas sur un seul navire que se seront embarqués deux rois et leur cortège. Au surplus, je ne prétends point pouvoir, comme je l'ai déjà dit, deviner les motifs qu'à eus

Henri II, de s'embarquer habituellement à Barfleur. Ces temps sont bien loin de nous; mais nous sommes assez près des lieux pour être à portée de vérifier que de tous les motifs possibles qui ont pu déterminer ce roi à choisir Barfleur pour son port d'embarquement, celui que l'auteur des recherches lui suppose est le plus mal choisi.

On trouve, page 24 des recherches, la citation d'une charte de Henri II, roi d'Angleterre, duc de Normandie, en faveur des moines de l'abbaye de Savigny, dans laquelle sont dénommés les quatre ports de la Manche, où on avait établi des préposés pour faire expédier les marchandises qui étaient envoyées hors du royaume. L'auteur trouve dans cette charte une autorité bien décisive, dit-il, en faveur du port de Barfleur, contre celui de Cherbourg. Je vais donner quelques explications sur ce fait, que je regarde comme tout-à-fait insignifiant pour la conséquence qu'il en tire. Tous les gouvernemens établissent dans les pays de leur domination des ports de passe ou d'entrepôt, pour les marchandises qu'on expédie par mer. C'est sans doute un objet important pour l'administration ; mais il suffit, pour déterminer ces points de passage, qu'ils soient placés de manière que le commerce puisse y trouver ses commodités pour les envois. Ainsi, les ports de Barfleur, de Caen, d'Oystrelan et de Dieppe étaient les quatre ports où les

bureaux

bureaux de passe pour l'étranger étaient établis le long des côtes de la Manche, et ils n'étaient pas mal distribués. Mais on voit par la désignation de ces ports que ce n'était nullement en raison de leur importance, qu'on les avait choisis. La ville de Caen avait, au moyen de l'embouchure de sa rivière à la mer, une navigation qui suffisait aux besoins de son commerce; mais ce n'était pas son port qui lui donnait la célébrité dont elle a joui sous les règnes des ducs de Normandie (a); et Oystrehan est un petit port sur la rive gauche de l'Orne, et près de son embouchure, en face de celui de Sallenelle, qui était, comme aujourd'hui, sans importance.

Barfleur était certainement bien choisi, en raison de sa situation en face l'Angleterre, pour y établir un de ces bureaux de passe, et Cherbourg aurait pu l'être par la même raison ; mais

---

(a) C'est sous François I.er qu'on a exécuté les premiers travaux d'art pour redresser le lit de la rivière d'Orne. On les commença aux abords du hameau de Longueval, sur une longueur de 600 toises environ. À l'époque dont nous parlons, c'est-à-dire avant qu'on eût commencé à y faire aucuns travaux, les navires, dont le tirant d'eau passait 8 ou 9 pieds, ne pouvaient en traverser les détours; ainsi, il n'y avait que des bâtimens d'une médiocre grandeur qui pussent faire alors la navigation de Caen.

on ne sait pas si Henri, qui considérait le château de cette ville, comme sa principale forteresse dans la basse Normandie, n'avait pas jugé qu'il y aurait quelque inconvénient à y former cet établissement commercial, et cela par des raisons que nous ne connaissons pas. Ce château était éprouvé par plusieurs sièges qu'il avait soutenus, et il fallait qu'il fût bien fort, car on n'y avait ajouté aucunes fortifications, lorsqu'Edouard III ne crut pas devoir l'attaquer avec sa formidable armée (*a*), et lorsque le connétable Duguesclin, qui en avait entrepris le siège en 1378, fut obligé de le lever.

A la page 29 des recherches, l'auteur trouve une nouvelle preuve de la supériorité de Barfleur, en ce que pour l'armement d'une flotte,

―――――

(*a*) Edouard, accompagné du prince noir, opéra sa descente à la Hougue, le 1.er juillet 1346. Il s'empara de la ville de Barfleur, *qui fut* (dit Froissart) *prinse et robée sans ardoir. Delà il s'approcha de Cherbourg*. Ecoutons encore Froissart : *allerent tant les anglois, qu'ils vindrent en une grande et riche ville qui s'appelle Chierbourg ; si en ardirent une partie, mais, dans le chastel, ils ne purent entrer ; ils le trouvèrent trop fort, et trop bien garni de gendarmes*. Delà Edouard traversa la France, sans que rien résistât à ses armes ; gagna la bataille de Crecy, et fit le mémorable siège de Calais, dont tout le monde connaît l'honorable résistance, et la malheureuse issue.

ce port est requis pour 9 navires, et Cherbourg pour 4.

J'ai sans doute le même droit d'établir la supériorité de Cherbourg, en citant aussi un fait vrai d'une plus haute importance, qui s'est passé quarante ans auparavant. Voici ce fait qu'on trouve dans l'histoire des grands officiers de la couronne, par le père Anselme : Othon de Tocy, chevalier et amiral de la mer, était à Cherbourg le 1.er avril 1296 ; le roi (Philippe Lebel) lui fit payer une somme de 8832 livres pour le fait de sa charge, et pour réparer ses galères et galliotes qui étaient dans ce port. L'or vallait alors 40 liv. le marc ; ainsi cette somme serait aujourd'hui de cent soixante-six mille francs.

Cet armement, au port de Cherbourg, était une partie de la flotte, ou bien la flotte toute entière qui fut envoyée en Angleterre, sous le commandement de Mathieu de Montmorency et de Jean d'Harcourt. Elle débarqua à Douvres, et se borna (dit Guill. de Nangis) à voir le pays ennemi, soit par l'incapacité des chefs, soit par l'effet d'ordres secrets. (Hist. de France de Vely, tome 7, in-12, page 93). Philippe Lebel envoyait cette flotte pour se venger des ravages de l'armée qu'Edouard I.er avait fait débarquer dans le Cotentin, une année auparavant ; elle le traversa en *pillant, volant et tuant tout*. (Toussaint de Billy, hist. manuscrite du Cotentin). Elle pilla aussi et incendia l'abbaye et une partie de la ville de Cherbourg; mais la population qui s'était réfugiée dans le château, fit une si bonne résistance qu'elle ne put s'en emparer. Les historiens remarquent que les habitans défendirent eux seuls le château, sans le secours d'aucunes troupes. Walsingham rapporte, à l'année 1295 ou 1296, qu'après le pillage de l'abbaye, ils la taxèrent à une contribution, pour le payement de laquelle ils emmenèrent un des plus anciens religieux en ôtage (*a*).

Un autre fait, qui n'est pas d'une moindre importance, est le privilége accordé par Philippe-Auguste en l'année 1207 à la ville de Rouen, pour faire exclusivement le commerce d'Irlande. Le port de Cherbourg est le seul qui y soit compris pour avoir la faculté d'y envoyer un navire tous les ans (*b*). Je ne cite point ces deux faits, quoique bien remarquables pour en conclure une supériorité; je veux seulement prouver à l'auteur des re-

---

(*a*) *Nautæ Gernemuthenses Cæsarisburgum, id est Cherburg, in Normanniâ vastaverunt; spoliatâ que abbatiâ, canonicorum regularium quemdam senem in Angliam adduxerunt* (Walsingham ypod. Neustr. coll. de Camden, page 482).

(*b*) *Nulla navis de totâ Normanniâ, excepta unâ solâ cui semel in anno, de Cæsarisburgo licitum erit eskipare.* (script. Norm. coll. de Duchesne, page 1062).

cherches qu'il ne viendra point à bout d'établir celle qu'il prétend attribuer à Barfleur au moyen de quelques faits isolés qu'il cite, parce qu'on peut toujours lui en opposer d'autres qui seraient peut-être d'un plus grand poids, mais il faudrait pour cela faire l'histoire de Cherbourg.

C'est ainsi qu'un fait étant détruit par un autre, cesse d'être une preuve ; la conséquence qu'on en tire est nulle, et la question reste toute entière à décider. Cela tient à un vice de raisonnement sur lequel je vais tâcher de me faire entendre.

Dans l'article que je viens de traiter, comme dans les autres auxquels j'ai répondu précédemment, l'auteur des recherches cite toujours un fait isolé dont il conclud la supériorité du port de Barfleur. Alors, sa conséquence est plus étendue que l'antécédent d'où il la tire ; alors il conclud du particulier au général ou à l'indéfini, c'est-à-dire, du moins au plus.

Il en est donc de cet article comme de tous les autres ; ce n'est point le fait que je conteste, c'est cette supériorité qu'on veut en conclure: on pourrait dire aussi à l'auteur des recherches qu'il ne sait pas si le port de Cherbourg n'avait pas déjà fourni des bâtimens occupés ailleurs par ordre du gouvernement. Peut-être en fournissait-il un certain nombre pour rester stationnés dans le port ou sur la rade, afin de protéger la ville contre une attaque par mer, car il faut se souvenir que quarante ans auparavant, les habitans, sans le secours d'aucunes troupes, avaient sauvé la population et le château, contre une attaque de l'armée d'Edouard Ier. On avait donc de bonnes raisons d'être toujours à portée de faire bonne garde, et cette considération était puissante ; on était encore en temps de guerre. Il ne sait pas enfin si Cherbourg n'avait pas remplacé son contingent de navires, en munitions ou toute autre chose. Dans ces temps où l'état n'entretenait point de marine, et qu'il prenait ses forces de mer dans les navires du commerce, c'était les baillis qui frappaient les réquisitions, non seulement des bâtimens à fournir, mais aussi de toutes les choses nécessaires pour l'armement d'une flotte, et ils agissaient toujours suivant les lieux et les circonstances, de manière qu'une réquisition accidentelle, qui est toujours le résultat des considérations et des circonstances du moment, ne peut être prise pour base, ou pour preuve dans une question de supériorité; sans doute, ce ne sont que des hypothèses, mais l'auteur des recherches ne sait pas mieux que moi si elles sont ou ne sont pas fondées ; au surplus que l'on compare cette réquisition de cinq bâtimens de plus à fournir par Barfleur, avec la réunion d'une flotte que l'amiral de france vint organiser dans le port de Cherbourg quarante ans auparavant, et que le lecteur juge de quel côté est la supériorité.

Page 31, à la note du bas de la page : *j'ai appris en outre que la sortie de Barfleur était bien plus facile que celle de Cherbourg, et que les marées et les courants étaient bien plus favorables pour aller à l'île de Wigt, à ceux qui partent de Barfleur, qu'à ceux qui partent de Cherbourg.*

M. de Gerville ne pouvait mieux faire que de consulter des marins. Ce n'est pas sa faute si la réponse qu'ils lui ont faite est aussi inexacte.

Ils ont dit que l'entrée du port de Barfleur était bien plus facile que celle de Cherbourg ! Il est impossible de concevoir comment, je ne dis pas des marins, mais toute autre personne qui a vu Cherbourg et Barfleur, a pu faire cette réponse. Il est généralement reconnu que l'entrée de ce dernier port est difficile; et quant à Cherbourg, il est passé en proverbe entre les marins, qu'un aveugle y entrerait. Il ne faut que jeter un coup d'œil sur l'ensemble de son chenal et de sa rade pour en être bien convaincu.

Ils ont dit que les courants étaient plus favorables pour les navires allant de Barfleur à l'île de Wigt; c'est le contraire, les courants sont habituels et beaucoup plus violents aux approches du ras de Barfleur, que dans la pleine mer (*a*), et les bâtiments qui partent de Cherbourg aussi pour aller à l'île de Wigt, en passent assez loin pour ne pas même s'en apercevoir.

Ils ont dit que les marées sont plus favorables en partant de Barfleur pour l'île de Wigt, qu'en partant de Cherbourg. Des marins m'ont dit que c'était une assertion hasardée que personne ne pourrait justifier, et que c'est en cela même que Cherbourg jouit de tout l'avantage de sa situation, parce que le navire qui s'est mis en rade, et il peut le faire de tous vents, prend la marée à l'heure qui lui convient, soit de flot, soit de jusant, et fait route, tandis que le navire qui est dans le port de Barfleur, est obligé d'attendre que la haute mer lui permette de sortir, et par ce retard, il peut manquer la marée ou le vent.

Quant à la distance des deux ports à l'île de Wigt, elle est la même du port de Barfleur et de la rade de Chérbourg ; l'enfoncement de la baie dans laquelle ce dernier port est situé, fait seul la différence qui est moins d'une lieue (*b*).

(*a*) On sait combien les courants y sont violents (dans le ras de Barfleur) et dangereux pour les vaisseaux qui s'y trouveraient engagés avec un vent trop faible pour les maîtriser. (Mémoire de la Bretonnière, page 9.)

(*b*) L'auteur des recherches dit qu'il a consulté

L'auteur des recherches parle des priviléges de la ville de Cherbourg, de manière qu'il me paraît nécessaire de donner quelques explications à cet égard. Il dit, page 29 : *Philippe-Auguste lui accorda des priviléges particuliers à l'imitation des rois d'Angleterre.* Je ne connais d'autres priviléges que ce roi lui ait accordés que celui d'envoyer tous les ans un vaisseau faire le commerce d'Irlande ; j'en ai parlé en citant la charte pour la ville de Rouen. Ceci n'est qu'une simple observation. Mais à la note 2 de la même page, on lit ceci : *dans les recherches de la noblesse, on voit que les habitans de Cherbourg réclamaient encore leurs priviléges à la fin du 16.ᵉ siècle. Voir la recherche de Roissy.* Cette phrase me paraît vague ou même peu exacte, car on pourrait en conclure que ces priviléges étaient douteux ou contestés, tandis que les habitans de Cherbourg en ont joui sans aucun trouble ni opposition jusqu'en 1789.

---

les plus habiles marins de Barfleur, *et sur-tout de Cherbourg,* dont il conserve les réponses ; je me suis adressé aussi à de très-habiles marins de ce dernier port, qu'il n'a pas consultés. Quant au capitaine de Cherbourg, qui a donné des renseignemens, j'aime mieux croire que connaissant l'opinion de M. de Gerville, en faveur de Barfleur, il a fait une réponse de courtoisie, que de la caractériser autrement.

Ce qu'on doit dire à l'égard de ce procès-verbal des recherches de la noblesse de MM. de Roissy et Repichon, c'est que ces deux commissaires furent envoyés par le roi en 1598, pour vérifier les titres de noblesse en basse Normandie. Les habitans de Cherbourg y sont inscrits comme ayant justifié leurs priviléges, et leur article ne porte aucune note de doute, ou de renvoi pour plus ample informé, tandis que cela s'y trouve assez souvent pour d'autres. Tous les privilégiés et les plus illustres de la noblesse étaient aussi obligés de venir présenter leurs titres ; leurs noms sont également inscrits sur les procès-verbaux de ces commissaires, et de tous ceux qui, comme Montfaux et Chamillard, sont venus remplir cette mission.

On a toujours dit que les habitans de Cherbourg jouissaient de leurs priviléges avant Louis XI, et qu'ils leur avaient été donnés par Charles le Mauvais, qui a possédé pendant sa vie cette ville et les domaines du Cotentin, à titre d'appanage ; mais on n'en connaît aucunes chartes : la première qu'on ait concernant ces priviléges, est celle de Louis XI. Nous en donnons l'extrait suivant, parce qu'elle énonce les motifs honorables pour lesquels il accorde ces priviléges à la ville de Cherbourg. L'original de cette charte, en vélin, est aux archives de la Mairie, avec plusieurs autres que j'y ai vues. La dernière de toutes est celle de Louis XV : il est possible que quelques-unes des autres rois ne s'y retrouvent pas, mais il en existe plusieurs copies.

Cette charte, de Louis XI, est datée de Rassilly, près Chinon, le 6 février 1464. On y lit ceci : *notre ville de Chierbourg est continuellement en danger de nos ennemis anciens les Anglois, et est une des places de notre pays et duchié de Normandie, qu'ils ont plus desir d'avoir et surprendre, et fault que les dicts suppliants fassent continuellement guet et garde de nuict et de jour, comme ils ont fait de temps immémorial depuis que cette ville est confiée à leur garde et loyauté : et à cette cause leur convient tenir harnois, accoutrements, et aultres habillements de guerre en leur hostel ; et pour ce que la ville ou souloit avoir grant nombre d'habitants a esté totalement détruite à l'occasion des guerres passées ; et qu'ils n'y sont à présent qu'en très-petit nombre......... et sont les hostels de la dicte ville, ou la plus part tombés par terre, et le surplus en très-grande ruine et décadence......... Oui le rapport d'aulcuns de nos chiefs et capitaines de guerre sur la dépopulation et diminution d'icelle ville........... exemptons, affranchissons de tout perpetuellement et à tousiours les dicts habitants qui sont et seront demourants au dedans de la clôture et fermeté de nostre dicte ville de*

Chierbourg : *de grâce speciale, pleine puissance et autorité royale*, etc. La même année 1464, il donna l'ordre de réparer les fortifications, et de prendre sur les domaines du Cotentin la somme nécessaire pour cette dépense.

Nous allons donner seulement la date des autres chartes de nos rois qui ont maintenu ou étendu ces priviléges ; ces chartes sont :

De Charles VIII, datée de Montils-les-Tours, février 1483 ;

De Louis XII, Paris, juillet 1498 ;

De François Ier, St-Germain-en-Laye, 1519, une autre charte de ce roi, à son retour de Cherbourg, *décharge les habitans des droits de subvention ;*

De Henri II, à son avènement à la couronne : il ajoute qu'*il les maintient exempts, encore bien que nos commissions pour l'assise des tailles disent de faire contribuer les exempts et non exempts, les privilégiés et non privilégiés;*

De François II, août 1560 ;

De Charles IX, juin 1562 ;

De Henri III, 1569, qui confirme pareillement *les beaux et notables priviléges, prérogatives, libertés, prééminences, franchises, droits, us, coutumes et exemptions de la ville de Cherbourg;*

De Henri IV, septembre 1594 : il maintient les priviléges etc., *en raison du bon devoir que les habitans de Cherbourg font de se tenir toujours bien armés de bonnes munitions de guerre pour conserver leur ville en notre obéissance ;*

De Louis XIII, lettres-patentes, octobre 1613 ;

De Louis XIV ; il dit dans sa charte de 1653, qu'il confirme ces priviléges par les mêmes motifs et considérations que ses prédécesseurs. Comme ces priviléges sont rapportés dans cette charte, nous en donnons l'extrait suivant : *pour donner moyen aux habitants de Cherbourg de supporter la grande charge qu'il leur convient faire journellement pour la garde et la conservation de ladite ville à laquelle ils sont obligés, nous soulageant des frais et dépens qu'il nous conviendrait faire pour l'entretien d'une garnison. Continuons et confirmons tous et chacun lesdits priviléges, franchises, immunités, libertés, us, coutumes, exemptions de toute taille, aides, impositions, quatrièmes droits de gabelle, pouvoir de maintenir et faire valoir leurs biens et héritages par leurs mains, et de leurs domestiques, et toutes autres charges mises et à mettre.* Les paroisses dans lesquelles les habitans de Cherbourg avaient le droit de labourer leurs terres par eux-mêmes ou par leurs domestiques, sans payer de taille étaient celles de *Tourlaville, Octeville, Equeurdreville, Hainneville, Nouainville, Flottemanville et Martinvast.* Il faut ajouter à ces priviléges celui de jouir de leurs propriétés dans la ville, en franc aleu, c'est-à-dire sans payer aucuns droits lors des mutations par contrats de vente, par mort ou autrement. C'est par ces considérations qu'on appelait alors les habitans de Cherbourg pairs à barons, parce qu'ils avaient les mêmes franchises et priviléges;

Enfin, celle de Louis XV, de 1718. Elle motive la confirmation des priviléges des habitans de Cherbourg, en termes très-honorables pour cette ville, en rapportant une partie des faits les plus remarquables qui se sont passés à Cherbourg. Une autre, du même Louis XV, comprend dans leurs droits celui de se servir du sel blanc du Croisic, et de l'employer aux *salaisons ordinaires et extraordinaires.*

Toutes ces chartes de priviléges rappellent les charges et conditions auxquelles ils sont accordés, de faire un service perpétuel de jour et de nuit, car il n'y avait point d'autre garnison que les habitans; de se fournir de vivres, de munitions, d'ustensiles de guerre, etc., quand on considère les suites qui en résultaient en temps de guerre, soit qu'il fallût soutenir un siège, soit qu'il fallût en faire tous les préparatifs et approvisionnemens quand on n'en était que menacé. On voit que ces priviléges étaient moins une faveur qu'un acte de justice.

Mon objet, dans la discussion que je viens de terminer, ayant été d'entrer dans tous les détails qui concernent l'origine et l'histoire de l'ancien port de Cherbourg, qu'on appelle maintenant port du commerce ; j'ai remis à la fin de cet écrit à donner la notice suivante du grand port. Si j'avois parlé en même tems de ces deux établissemens maritimes, beaucoup de lecteurs qui ne connaissent pas Cherbourg, auraient pu les confondre.

Le grand port et tout ce qui constitue le magnifique établissement que l'on construit pour la marine militaire, est à une distance de huit ou neuf cents toises du port de commerce. Il est creusé dans une masse compacte de rocher schisteux, à cinquante pieds de profondeur au-dessous du niveau des hautes mers de l'équinoxe.

Sa forme est un rectangle de cent cinquante toises de longueur et de cent vingt-une de largeur. A son ouverture, qui est de deux cents pieds du côté de la mer, et de trois cents du côté de l'intérieur, s'élèvent deux môles ou musoirs qui font la tête de tout l'ouvrage. Ils sont construits dans un point où l'on trouve une hauteur de seize pieds d'eau dans les basses mers des vives eaux ordinaires. A côté, et au nord de l'avant-port, est le bassin du Hommet qui est creusé à la même profondeur : sa forme est un rectangle de cent cinquante toises de longueur, sur cent douze de largeur. Un autre bassin fait partie du projet : il aura deux passes, pour communiquer dans celui du Hommet et dans l'avant-port. Ce second bassin n'est pas encore commencé.

Tous les ingénieurs qui ont observé la côte de Cherbourg, et le maréchal Vauban le premier, ont connu ce point unique sur toute la longueur des côtes de la Manche, où la fosse du Galet offre une communication que l'on peut dire immédiate de l'océan à la terre par un court passage, dans lequel il y a, comme je viens de le dire, seize pieds d'eau dans les basses mers de vives eaux ordinaires ; c'est cet avantage précieux et unique qui, avec celui d'une bonne rade, (a) a déterminé le gouvernement, après de longues discussions, à choisir pour son établissement d'un port militaire, dans la Manche, plutôt Cherbourg que la Hougue, ou la fosse de Colleville qui offraient de belles rades, mais des difficultés insurmontables pour la construction d'un port.

On doit à M. le baron Cachin, inspecteur général des ponts et chaussées, les travaux déjà exécutés ;

(a) Le Gouvernement voulant s'assurer, par l'expérience, si la rade de Cherbourg avait une bonne tenue pour les ancres, envoya, en 1787, deux vieux vaisseaux de ligne: le Brillant et le Triton qui s'y établirent en station. Ils y ont tenu mouillés sur leurs ancres pendant 7 années, après lesquelles ils furent conduits au rivage et dépiécés.

exécutés ; c'est à ses camarades dans le corps savant, à la tête duquel son mérite l'avait porté, à dire s'il a conçu en grand le projet d'un bel établissement maritime, et s'il a su tout prévoir pour son exécution. Il faut avoir suivi ces travaux depuis leur commencement pour connaître les difficultés qu'il a fallu vaincre, et les obstacles imprévus qui ont demandé l'emploi d'une foule de moyens et de procédés nouveaux ; il faut sur-tout avoir vu le bâtardeau de deux cents pieds de longueur, et de quarante-cinq à cinquante de hauteur qu'il a fallu établir entre l'océan et l'emplacement du grand port, pour parvenir à le creuser. Il est à regretter qu'une aussi belle construction de charpente, n'étant employée que comme moyen préparatoire, ait dû être démolie aussitôt qu'elle a cessé d'être nécessaire. Ce bâtardeau était admiré par la disposition de toutes les pièces qui le composaient, et par la combinaison de leur ensemble, telle qu'il a résisté à la violence des coups de mer pendant 7 ou 8 ans qu'a duré le travail qu'il protégeait.

M. le baron Cachin a eu la satisfaction de voir le Grand Port livré à l'Océan, et le bassin du Hommet très-avancé dans son exécution. Il avait fait construire aussi une forme de radoub pour les vaisseaux : six cales de construction, dont quatre sont couvertes, et un hangar de neuf cents pieds de longueur, sur cent quatre de largeur, pour tenir à couvert les bois d'approvisionnement destinés aux constructions navales. Ces ouvrages sont regardés comme des modèles de ce nouveau genre d'architecture, sur-tout la charpente du grand hangar. Elle a été son dernier ouvrage : il a été enlevé avant le temps à ses nombreux amis et à de nouveaux succès. Mais ses plans restent, et il a attaché son nom à un monument impérissable. *Ære perennius*.

ERRATA.

Page 6, à la citation (b), au bas de la page, *Permerso*, lisez : *Permenso*.

Page 30, *judiciaire*......... lisez : *judicieux*.

Page 32, note au bas de la page, *issis*, lisez : *yssir*.

Page 51, *en face l'Angleterre*......... lisez : *en face de*

Page 51, *oystrehan*......... lisez : *oystreham*.

Page 56, *c'était les Baillis*, lisez : *c'étaient*

www.ingramcontent.com/pod-product-compliance
Lightning Source LLC
LaVergne TN
LVHW021718080426
835510LV00010B/1029